7
LK 1741.

L'ÉGLISE DE LA CITADELLE

ou

NOTRE-DAME

De l'Immaculée-Conception.

1856

Réponse de Mgr l'Évêque à la lettre par laquelle l'abbé Ronjon lui avait fait part de l'achat qu'il venait de faire pour l'église de la Citadelle, d'une partie de l'emplacement et des restes de construction de l'ancienne abbaye :

« Autun, 31 décembre 1855.

» Je suis heureux de la nouvelle que vous
» m'apprenez, mon cher abbé. Notre Mère
» Immaculée bénira une œuvre entreprise sous
» ses auspices et pour sa gloire. Elle inspirera
» un zèle pieux aux âmes qui lui sont dévouées.
» Pour moi, je vous seconderai de tout mon
» pouvoir.
» Croyez, mon cher abbé, à mon estime et
» affection. † Fréd., Ev. d'Autun, Ch., M. »

L'ÉGLISE DE LA CITADELLE

ou

NOTRE-DAME DE L'IMMACULÉE CONCEPTION.

ORIGINE ET FONDATION DE CETTE ÉGLISE. — APPEL A LA PIÉTÉ DES FIDÈLES CHALONNAIS.

Il existe à Saint-Vincent une chapelle qui n'est pas assez connue pour la gloire dont elle a resplendi. A peine construite et ouverte à la piété, à la vénération des fidèles, elle était devenue un lieu de pèlerinage célèbre; on y venait en foule de tous les points du diocèse. La Sainte-Vierge se plaisait à faire éclater dans ce saint lieu, pour le soulagement de toutes les misères humaines, le merveilleux pouvoir que le Seigneur a mis dans ses mains pleines de grâces. Les murs de cette chapelle ont été, à l'époque, couverts d'*ex-voto* et les chartes de Saint-Vincent remplies de procès-verbaux attestant les guérisons miraculeuses qu'y opérait la grande Vierge. L'*Illustre Orbandale* nous en a conservé quelques-uns, que l'on peut lire aux pages 45, 46 et suivantes du tome second.

Cette sainte chapelle était l'œuvre d'un des plus savants et des plus pieux évêques de Chalon, l'illustre Jean Germain, qui siégea de 1436 à 1460, et fut si dévoué à la gloire et au service de Marie. Ce qu'il y a de remarquable, c'est que ce doux et vertueux prélat composa, entre autres ouvrages, deux livres de l'Immaculée Conception (livres précieux que j'aurais tant voulu retrouver, mais que j'ai cherchés infructueusement); et lorsqu'il érigea cette chapelle de la Vierge et qu'il la dédia à Notre-Dame-de-Pitié, ce ne fut pas sans y laisser un témoignage de sa croyance chérie à l'*Immaculée Conception* de Marie, car il fit faire, pour orner sa chère chapelle, de grandes tapisseries, sur lesquelles étaient représentés les principaux mystères de la glorieuse Vierge, en particulier celui de sa sainte et bénie Conception, qu'il met au nombre des principales fêtes à célébrer en son honneur, *scilicet suæ benedictæ Conceptionis,* ce sont les termes de l'acte de fondation. Ne semble-t-il pas, remarquent les auteurs qui ont écrit de lui, que la bienheureuse Vierge se soit plu à récompenser le zèle et le dévouement de son fidèle serviteur, en rendant glorieuse la chapelle qu'il lui avait élevée, comme aussi en l'appelant lui-même à elle le jour d'une de ses fêtes, le 2 février 1460 ? Ce *Mignon* de Marie, ajoute l'auteur de l'*Illustre Orbandale,* plein de cette piété jusqu'à la mort, voulut avoir sa sépulture devant l'entrée de sa chère chapelle, en face de l'image de Notre-Dame-de-Pitié, et comme sous les yeux de cette tendre et affligée Mère.

Longtemps donc la chapelle érigée et dédiée à Notre-Dame-de-Pitié par l'évêque Jean Germain, avait été le témoin et tout à la fois le théâtre de nombreuses merveilles. Deux cents ans après sa fondation, des miracles s'y opéraient encore et prouvaient que la Sainte-Vierge se plaisait toujours en ce lieu, qu'elle aimait à y être invoquée et à y distribuer ses faveurs ; c'est ce que nous apprend l'inscription suivante attachée alors à ses saintes voûtes :

« *Qui fuit ante annos celebris, locus iste, ducentos,*
 » *is rursùs donis Virginis ecce nitet.* »

Serait-il étonnant que la grande Vierge, la Vierge immaculée, y eût donné, de nos jours encore, quelque preuve sensible que son pouvoir est toujours le même et que son bras protecteur n'est pas raccourci ? Qu'on se rappelle l'accident du 21 mars 1849, dans cette même chapelle ; cette jeune fille de la première communion, qui brûlait devant l'autel de Marie et que la flamme laissa néanmoins saine et sauve, intacte même, tout en consumant en très-grande partie les légers vêtements qui faisaient sa parure ! Bien que chacun soit libre d'apprécier le fait selon ses impressions, attendu qu'il n'a pas été l'objet d'une enquête, ni d'un jugement de la part de l'autorité compétente, néanmoins, comme il n'y a eu pour ainsi dire qu'un sentiment et qu'une voix parmi tous ceux qui s'en sont occupés, ne puis-je pas dire aussi ce que je crois et ce que je pense? Je pense que j'ai vu comme un miracle.

C'était pendant l'acte de consécration à la Sainte-Vierge qu'une jeune fille faisait, selon l'usage, au nom de toutes ses compagnes et de tous les enfants de la première communion. Elle venait de prononcer ces mots : « O Marie pleine

» de tendresse et de bonté, défendez nos corps » de tous dangers !.... » lorsque tout-à-coup un voile prend feu. Au premier aperçu de la flamme, les enfants jettent un cri d'épouvante et se mettent à fuir. Instantanément, la jeune fille, victime de l'accident, obéissant à je ne sais quel mouvement, se trouve à demi-couchée devant l'autel de Marie, comme une hostie souriante que le feu va dévorer.

On peut difficilement se représenter l'état tumultueux de l'assemblée, la terreur panique et la fuite précipitée des uns, l'émotion saisissante des autres, qui, pour plusieurs, va jusqu'à l'évanouissement, l'agitation générale, les clameurs de la foule qui ne sait pas ce qui arrive et qui est étonnamment troublée.

C'était bien en effet quelque chose de grave qui se passait. La flamme était devenue si grande qu'on n'apercevait plus l'enfant. J'avoue qu'à cet instant d'anxiété terrible, sauver la petite victime me parut comme impossible. Pouvais-je ne pas espérer cependant ! La Vierge au bras puissant, au cœur si bon, pouvait-elle laisser périr au pied de son autel une seule de ces petites filles ? Pouvait-elle être insensible à l'émotion et aux angoisses des mères, à cette agitation, à ces clameurs de toute une assemblée, qui représentaient trop bien les cris et les sanglots de Rachel éplorée, éperdue : *Vox in Rama, ploratus et ululatus multus?* Non, cette Vierge puissante et bonne devait se laisser attendrir, et je confesse ici que l'exercice de sa bonté et de sa puissance a été plus grand que ma foi, puisque je n'espérais pas, puisque je n'implorais pas et n'attendais pas l'assistance de cette excellente Vierge !

Tout-à-coup, comme merveilleusement (j'avoue que la pensée de quelque chose de miraculeux me traversa alors l'esprit, et que j'éprouvai comme un sentiment de la protection actuelle et particulière de la Sainte-Vierge) ; tout-à-coup, comme merveilleusement, cette grande flamme qui me dérobait la vue de l'enfant, s'évanouit. Elle s'évanouit soudain et d'elle-même, ne laissant autour de la tête de la jeune fille, qui se relevait simultanément, que quelques légères flammèches que je m'empressai d'éteindre dans mes mains.

La jeune fille était debout et elle n'avait point de mal ! Le feu avait passé sur elle, avait brûlé son bonnet, la plus grande partie de son voile, sa robe même en plusieurs endroits, et elle n'avait point de mal, et elle n'avait pas même perdu un seul de ses cheveux !

Seulement le feu l'avait légèrement touchée au bas de l'oreille, comme si la Sainte-Vierge, surveillant et dirigeant l'action de ce feu pour l'en préserver, avait voulu cependant lui en laisser une petite trace qui fût comme une marque de sa bienveillante et signalée protection.

Cette protection extraordinaire, n'avait-elle aucun rapport au point doctrinal de l'immaculée conception que notre saint Père le Pape Pie IX se préparait à définir, touchant lequel il venait, par sa célèbre encyclique datée de Gaëte, du 2 février 1849, d'interroger les traditions de toutes les Églises ? Ne serait-ce pas que la Sainte-Vierge commençait à répondre elle-même au pieux Pontife ? Que dis-je ? N'avait-elle pas répondu d'avance par les innombrables merveilles opérées au nom de son immaculée conception ? Et pour ne parler que de celles qui ont illustré la chapelle érigée par Jean Germain, la Sainte-Vierge n'avait-elle pas voulu montrer par elles qu'elle avait pour agréable le zèle du pieux prélat à confesser et à défendre sa conception immaculée....? Tous ces faits merveilleux n'auraient-ils pas même une liaison intime et mystérieuse avec la chapelle ou église de l'Immaculée-Conception qui devait être fondée plus tard et à laquelle la foi et la piété de l'illustre Jean Germain devaient comme donner naissance? Peut-être !....... Quoi qu'il en soit, lorsque, vers la Toussaint de l'année 1852, je fus chargé de commencer l'œuvre d'une nouvelle paroisse à Chalon et d'ouvrir au quartier de la Citadelle une chapelle provisoire (ce qui eut lieu le 8 décembre de ladite année, avec un concours bienveillant et empressé des fidèles), ce fut dans la chapelle miraculeuse de Notre-Dame-de-Pitié, et pendant que je disais la messe à l'autel de Marie, que la pensée me vint de mettre, avec la permission de Mgr de Marguerye, qui me l'accorda de suite, la nouvelle chapelle ou église sous le vocable de l'*Immaculée-Conception*, et en même temps de faire mettre sur les ornements de ladite chapelle ou église, ou bien l'image, ou bien les lettres initiales de Marie immaculée. O chère et sainte chapelle, où si souvent j'ai eu le bonheur de célébrer les saints mystères, où il m'a été donné de conduire à Marie immaculée, pour lui faire leur consécration, tant de jeunes vierges qui venaient d'être nourries du pain des anges! O chère et sainte chapelle! n'est-ce donc pas de vous que la chapelle de l'*Immaculée-Conception* tire son origine?.......

Et cette Église, qui, providentiellement, se rencontre comme toute faite au moment où, après trois ans de provisoire et d'épreuve, on désespérait d'en avoir une! cette Église qui semble n'avoir échappé à la ruine que pour être réservée et consacrée à Marie, ne prouve-t-elle pas que la Sainte-Vierge a voulu et veut être honorée, invoquée à la Citadelle, sous son titre d'Immaculée, y avoir en cette qualité un sanctuaire béni, d'où elle répandra ses grâces, fera descendre ses faveurs sur toute la cité et la contrée Chalonnaises? C'est ce qu'une simple et courte notice sur le lieu persuadera sans doute de plus en plus.

Sur les hauteurs qui dominent la ville de Chalon, à l'endroit appelé aujourd'hui Citadelle ou Quartier de la Citadelle, longtemps avant que citadelle il y eût et qu'existât le quartier de ce nom, aux premiers temps enfin du christianisme dans les Gaules; sur les hauteurs de Chalon, dis-je, alors désertes, s'était retirée et vivait une âme! une âme dont toutes les délices étaient un oratoire, la conversation une prière, et qui ne gardait avec la cité que les rapports absolument exigés par les besoins les plus impérieux!

La fleur qui naît, croît et s'épanouit sur la montagne, loin des habitations de la vallée, n'y reste pas inconnue, ignorée; le parfum suave et exquis qu'elle répand aux alentours trahit et révèle sa présence, là même où elle est le plus cachée: ainsi en fut-il du saint ermite. L'odeur de vie et de vertu qui se répandit de son oratoire, non-seulement dans la cité, mais encore dans la contrée, le fit bientôt connaître et apprécier. On montait pour le voir, on voulait avoir part à ses prières. Sa réputation de sainteté s'accrut au point, qu'après son décès la cabane qui l'avait abrité et dans laquelle il s'était sanctifié, devint un lieu de pèlerinage pour les premiers chrétiens de Chalon. Non-seulement ils le visitèrent en grande dévotion, mais ils voulurent même y avoir leur sépulture, comme dans une terre sainte, et donnèrent à cet effet au petit oratoire les proportions d'une église.

A cette église furent attachés, probablement sous la règle de saint Augustin, des chanoines réguliers, dont les fonctions étaient de vaquer à l'office de la prière et de donner aux défunts la sépulture ecclésiastique.

Combien de temps dura cet état canonial? c'est ce que l'on ne peut dire, à cause de l'incertitude où l'on est sur l'époque précise où il commença. Quoi qu'il en soit, l'histoire ecclésiastique de Chalon fixe vers l'an 570 environ la transformation de cette chanoinie en abbaye, placée sous la règle du grand patriarche saint Benoît. Ce fut saint Flavius, évêque de Chalon, successeur de saint Agricole et prédécesseur médiat de saint Loup, qui donna à cette institution la forme monastique et en fit une abbaye. Cette abbaye, moins célèbre sans doute et moins illustre que celle de Cluny, fondée quelques siècles plus tard, eut néanmoins une existence plus longue et qui ne fut pas sans gloire, sans résultat utile, surtout pour la ville et la contrée Chalonnaises. Si elle ne donna pas de Pape à la chrétienté, elle donna des cardinaux au sacré Collége, des évêques au diocèse de Chalon. Elle fut alliée à l'abbaye de Sainte-Marie-Majeure en Jérusalem, comme on le voit dans un acte de fraternité souscrit en 1240, par lequel les religieux de l'un et de l'autre monastère s'obligent à s'assister mutuellement de leurs biens et de leurs prières.

Il n'entre pas dans le plan d'une simple notice de faire l'histoire de l'abbaye des moines de Saint-Pierre de Chalon; aussi bien ne le pourrais-je, les chartes dans lesquelles était consigné tout ce qui a trait à sa grande existence ayant été détruites ou perdues par le malheur des temps; il ne peut m'être donné que de relater certaines circonstances y ayant rapport et que l'histoire ecclésiastique de Chalon nous a conservées.

Le cimetière que les premiers chrétiens de Chalon s'étaient choisi près de la cabane du saint ermite, continua à être, de longs siècles durant, celui de leurs enfants, et les moines de Saint-Pierre furent comme naturellement en possession du droit de donner la sépulture aux morts de la ville, possession disputée de temps à autre, mais qui leur fut maintenue, je crois, jusqu'à la destruction de leur première et antique maison et sa conversion en citadelle. Le quartier de ce nom est construit en partie sur ce cimetière séculaire, et l'on trouve encore dans les jardins que bordent ses remparts une quantité d'ossements que l'on se prend à regretter de voir dispersés çà et là, sans qu'une main chrétienne et amie vienne les recueillir et les rendre au respect et au repos de la tombe. Ne semble-t-il pas que la voix des morts s'élève avec celle des vivants pour redemander là une Église avec des prières ?

Une chose digne de remarque et qui montre quelle était l'importance de l'abbaye, c'est que, depuis une certaine époque, et conformément à une transaction entre Guillaume du Blé, évêque de Chalon, et l'abbé de Saint-Pierre, les évêques nommés de Chalon ne faisaient leur entrée solennelle en ville qu'après l'avoir faite préalablement dans les murs du monastère, où ils étaient reçus avec tout l'honneur dû à leur rang, et promesse de leur côté de conserver les droits, privilèges et immunités dudit monastère.

Je ne dis rien des grands biens et possessions de cette abbaye. C'est moins en s'agrandissant territorialement qu'en faisant rayonner autour d'elles les sciences et les vertus, que les maisons religieuses jettent de l'éclat et acquièrent de la considération. Celle des moines de Saint-Pierre fut sans doute, dans sa longue existence, un abri pour beaucoup d'âmes, une protection et un appui pour un grand nombre d'autres, et sa ruine ne fut rien moins qu'un malheur public. Voici comment elle arriva. Les guerres religieuses du seizième siècle en furent la cause. Les Huguenots ou Protestants, étant entrés dans Chalon à main armée, pillèrent et saccagèrent l'abbaye, en chassèrent les moines. Ceux-ci se retirèrent pendant quelque temps au château de Germoles, ancienne résidence des ducs de Bourgogne, que le roi eut la bonté de leur céder. Mais là se trouvant trop isolés, ils revinrent à Chalon, s'établirent près des Carmes, et construisirent un nouveau monastère et une église qui est actuellement celle de la paroisse Saint-Pierre. C'est à eux qu'on la doit. Ils la construisirent vers l'an 1570 environ, et lui donnèrent sa dernière forme vers l'an 1700. Les deux chiffres séparés par un trait, que l'on voit sur la façade de l'église Saint-Pierre, 570-1700, indiquent sans doute, le premier, l'époque de leur fondation à la Citadelle, et le second, la dernière main mise à leur nouvel établissement sur la place des Carmes. Leur première maison avait existé mille ans environ. Ils ne purent y rentrer et en réparer les ruines, parce que le pouvoir royal, pour mettre la ville à l'abri de nouvelles incursions de la part des hérétiques, en fit une citadelle. Ne reste-t-il donc plus rien de cette antique abbaye, et ne retrouverons-nous aucune de ces pierres précieuses autrefois consacrées et redemandant aujourd'hui leur consécration?

Au centre du quartier de la Citadelle, et sur le point culminant, à l'endroit où tous les aboutissants semblent avoir fixé le rendez-vous chrétien, dans l'enceinte de la grande auberge, j'allais dire de la grande abbaye, entre les deux cours de cet établissement, se trouve un reste précieux qui se dérobe presqu'à la vue, caché qu'il est au nord par une maçonnerie élevée, et au midi par un vaste hangar qui le laisse à peine entrevoir; du couchant à l'orient, sur 33 mètres de longueur et 8 à 9 mètres de largeur, subsiste, adossé au gros bâtiment de l'hôtellerie et couronné à l'autre bout par une vieille tour, subsiste, dis-je, un reste précieux, une construction ancienne, une antique chapelle dont le style accuse, je crois, une date antérieure au dixième siècle. Tout ce qui a été détruit à l'époque des guerres religieuses et de la formation de la cidadelle était sans doute plus récent. Selon toute apparence, c'est ce qui était le plus ancien qui a échappé au sac et à la destruction de l'abbaye. Je m'en félicite, parce que ce reste, quoique moins beau que ce qui a été l'objet de la fureur des hérétiques, a un cachet religieux et archéologique qui le rend à mes yeux singulièrement respectable. Plus ce reste est antique, plus il prouve que c'est là l'endroit saint et sanctifié. N'est-ce donc pas là que furent la cabane et l'oratoire du saint ermite? N'est-ce donc pas là la place de l'Église, que sais-je? peut-être l'Église elle-même qui fut d'abord élevée sur ce saint oratoire et cette sainte cabane! Sans aucun doute c'est là le saint ermitage, l'endroit de la chanoinie, le point sacré et central autour duquel rayonnèrent les moines et s'étendit le monastère. Les pierres elles-mêmes nous en fournissent la preuve, car à l'extérieur et dans l'intérieur du monument elles nous représentent çà et là l'écusson de l'abbaye, des frontons et lettres gothiques qui ne laissent aucune incertitude sur leur antique consécration et sainteté archéologique.

Que fit-on de ce reste précieux demeuré debout après les dévastations et les ruines entassées par le seizième siècle? Ce qu'on en fit? Probablement ce que l'on en fait encore aujourd'hui, une écurie! Ne nous en plaignons pas; c'est la moindre, je dirais presque la meilleure profanation qu'on en ait pu faire. Ne faut-il pas qu'une église garde quelque trait de ressemblance avec l'étable de Bethléem, ce premier sanctuaire où Jésus et Marie furent abrités et réchauffés au souffle des animaux? *O magnum mysterium et admirabile sacramentum, ut animalia viderent Dominum natum jacentem in præsepio!* (Brev. Rom.)

Oh! pour la sainteté de ce lieu, qu'il vaut donc mieux que les animaux y aient été attachés, que si les passions humaines y eussent été déchaînées! c'eût été là une bien autre profanation!

Là donc, les chevaux ont mangé, ils y ont henni; ils y mangent et y hennissent encore!

mais là, longtemps auparavant et longtemps durant, les chrétiens s'étaient réunis, s'étaient nourris du pain de la parole et des sacrements, avaient prié, soupiré et chanté ! Là, un saint ermite avait veillé, jeûné, s'était sanctifié dans l'oraison, la prière et les saintes communications avec Dieu ! Là, les premiers fidèles de Chalon étaient montés en pèlerinage, et de là leurs vœux et leurs désirs avaient pénétré les cieux ! Là, fut une chanoinie, ensuite une abbaye dont les moines, de longs siècles durant, ont fait entendre, tantôt les gémissements de la pénitence, tantôt les cris d'espérance et de joie, car la lyre religieuse a toutes ces cordes et elle rend tous ces différents sons. C'est ici une terre sainte, un lieu béni et sanctifié ! Voici des pierres et des murs qui redemandent leur consécration et appellent de nouveau la religion, cette *ancienne des jours*, à venir se rasseoir sur leurs ruines pour y soupirer ses amours éternelles et y placer de nouveau sa tente, en attendant le temple immatériel et impérissable qu'elle habitera éternellement. C'est donc là que les chrétiens actuels de Chalon aimeront à venir, à se réunir pour prier ! C'est là, c'est dans ce lieu plein des souvenirs les plus sacrés et les plus touchants, qu'ils voudront se ranimer dans la foi antique, revivre à l'espérance, à la religion, à la piété, à la vertu, en même temps à la joie et au bonheur pur que la Vierge immaculée leur rendra! C'est là l'église de la Citadelle et Notre-Dame de l'Immaculée-Conception, église ou chapelle (peu importe le nom) qui sera ce que la générosité Chalonnaise voudra bien la faire (*), mais où, dans tous les cas, la Sainte-Vierge se plaira assurément, si nous aimons nous-mêmes à y venir, à nous y réunir autour d'elle, à y faire éclater,

---

(*) Les fidèles de Chalon, qui se sont montrés si bienveillants et même empressés pour les commencements de cette œuvre, bien loin de l'abandonner maintenant, auront à cœur de la mener à fin. Au prix même de sacrifices plus grands que ceux qui sont faits, ils voudront en assurer la réussite. Ces sacrifices ne peuvent être très-considérables, car ce n'est pas une église à construire. Il y a sur l'emplacement acheté, des constructions qui sont comme une église toute faite, église ou grande chapelle, que des réparations, avec quelques additions ou modifications peu importantes, mettront dans un état parfaitement convenable pour l'exercice du culte.

Il sera rendu, à la fin des travaux, un compte exact de l'emploi des sommes versées.

sous les yeux de cette bonne Mère, l'animation de cœurs pieux et dévoués, empressés et fervents. Amour donc et louange à Marie immaculée!

La Citadelle (Chalon-sur-Saône), 24 Mai 1856.

L'abbé RONJON.

Chalon-s-Saône, Imp. J. DEJUSSIEU.

www.ingramcontent.com/pod-product-compliance
Lightning Source LLC
Chambersburg PA
CBHW060558050426
42451CB00011B/1980